Georgianna Freeman Mondan

German Selections for Sight Translation

Georgianna Freeman Mondan

German Selections for Sight Translation

ISBN/EAN: 9783337188993

Printed in Europe, USA, Canada, Australia, Japan

Cover: Foto ©ninafisch / pixelio.de

More available books at **www.hansebooks.com**

Heath's Modern Language Series

GERMAN SELECTIONS

FOR

SIGHT TRANSLATION

COMPILED BY

GEORGIANNA F. MONDAN

Instructor of Modern Languages at the High School, Bridgeport, Conn.

BOSTON, U. S. A.

D. C. HEATH & CO., PUBLISHERS

1897

IN MEMORIAM

Typography by James Cooper & Son, Boston, U.S.A.

Presswork by Carl H. Heintzemann, Boston, Mass. U. S. A.

PREFACE.

In offering these selections to teachers engaged in preparing students for college examinations, for business, or for the pleasure of reading German intelligently, no apology is needed. Instructors of German in large preparatory schools know too well how next to impossible it is to obtain adequate materials for sight work. The hope that these selections, by reason of their convenient form and varied style, may meet this difficulty, and bring to a successful issue the efforts of the teacher in this direction, is the *raison d'être* of this little publication.

The authors from whose works these materials have mainly been taken are among the representative writers of the Germany of to-day, — up-to-date, clear and forcible as to language and style, and but reasonably involved as to construction. It is expected that careful students will be able to write a fair translation of any selection here presented. I say *write*, for in no other way is it possible to obtain the results desired. The translations should be written in class with absolutely no aids at hand, the teacher using his own judgment with regard to the best manner of revision and general discussion.

As a review, and as a means of increasing the vocabulary of pupils, such selections as have previously been worked up according to the manner indicated, may be read with much profit as a class exercise.

To insure sight translations which shall really be such, selections from class-books in general use have been excluded from this collection.

G. F. M.

August, 1897.

HINTS TO STUDENTS.

I. Do not be discouraged if the first reading of your selection throws but little light on the subject. Try again.

II. In translating, never stop short of a period. For just there may stand the main verb of your sentence, separated from everything pertaining to it by dependent clauses. Success in this case lies in discovering where the dependent construction ends and the principal sentence is resumed.

III. Compound words, however unfamiliar, lose their strangeness when separated into their component parts.

IV. In other words of doubtful meaning, endeavor to recall some similar word having the same possible root.

V. When the above suggestion fails, complete the meaning of the text by giving to the unknown word a definition which seems to you to be needed. In this way you may choose just the right word; besides, by persistent efforts in this direction, you will cultivate your intuitive faculties — a very important point gained for sight-work.

VI. Cultivate the ability to adapt your English to the requirements of a literal, or a more elegant, idiomatic translation, as may be demanded.

GERMAN SELECTIONS FOR SIGHT TRANSLATION.

I.

Ein Mann im Reiseanzug stand an der Schwelle und
fragte, ob es hier recht sei im Wirtshause zum Toten See.
Auf das kurze Ja des Mädchens trat er ein, warf sein
triefendes Plaid auf den Tisch, die Reisetasche daneben und
ließ sich in sichtbarer Erschöpfung auf der Bank nieder, ohne
den regenschweren Hut abzunehmen oder den Stock aus den
Händen zu lassen, als wolle er nach kurzer Rast wieder
aufbrechen. Die Magd war vor ihm stehen geblieben und
wartete, was er etwa zu befehlen hätte. Er schien es aber
ganz zu vergessen, daß noch jemand außer ihm im Zimmer
war, lehnte den Kopf zurück gegen die Mauer und schloß
die Augen. So schwieg wieder alles in der dumpfen,
feuchtheißen Stube, und nur das Summen der Fliegen und
das gedankenlose Seufzen der Magd unterbrach dann und
wann die Stille.

Endlich kam die Wirtin mit dem Essen herein; ein kleiner
Bube, der den Fremden groß anstarrte, trug ihr ein Licht
nach, der Wirt erhob sich schwerfällig von der Ofenbank,
gähnte und trat an den Tisch heran. Er überließ es aber
der Frau, ihren Gast zum Essen einzuladen, was derselbe

mit einem stummen Kopfschütteln ablehnte. Fleisch außer
ein paar Hühnern und Enten, hätten sie nicht im Hause,
entschuldigte sich die Wirtin.

Paul Heyse.

II.

Mittwoch, den 28. Juni.

Nach einiger Zeit kam Frau Werner ebenfalls aus ihrer
Wohnung zurück, und wir gingen auf die rosenumrankte
Veranda vor der Gartenthür, um Kaffee zu trinken. Als
wir dort so behaglich im Schatten saßen und der leise
Sommerwind den Blumenduft aus dem sonnigen Garten
herwehte, wo die Schmetterlinge, wie berauscht, um die
Rosen flatterten, und es so still war, daß man fast das
Schlagen ihrer Flügel hören konnte, sprach der Rosenkönig:
„Es liegt ein eigener Zauber darin, an so einem sonnigen
Nachmittage im behaglichen Schatten zu sitzen, von lieben Men=
schen umgeben; aber vollständig wird der Genuß erst, wenn
Musik dabei ist; Marie, willst du uns nicht ein Lied singen?"

Das Klavier stand nahe an den geöffneten Flügelthüren,
ich saß gerade so, daß ich es sehen konnte. Ich hatte
Marie noch nie singen hören und war überrascht durch den
anmutigen Klang ihrer Stimme, als sie begann:

„Vom Berg zum Thal das Waldhorn klang,
Im blühenden Thal das Mägdlein sang:
Von der Rose, der Rose im Thal!"

Heinrich Seidel.

III.

Nach der Schlacht bei Hexham, in der Eduard IV. den Sieg davontrug, wurde Heinrich VI. gefangen genommen und in den Tower eingesperrt. Es gelang jedoch der Königin Margarete, der Gemahlin Heinrichs, sich mit ihrem Söhnlein in einen benachbarten Wald zu flüchten. Hier wurde sie von einer Räuberbande überfallen. Diese Menschen nahmen der Königin ihre Ringe, ihr Halsband und sonstige Kleinodien. Während die Räuber untereinander um die Beute stritten, flüchtete sich Margarete. Doch bald nachher fiel sie einem anderen Räuber in die Hände. Sie sagte ihm, daß sie die unglückliche Königin sei, und bat ihn auf den Knieen um Schutz für den Prinzen. Des Räubers Herz ward gerührt, und er hatte Erbarmen mit ihr. Er nahm sie mit in sein Haus und versorgte sie mit Speise und Trank. Dann war er ihr dazu behilflich, sich an Bord eines Schiffes mit ihrem Söhnchen nach Frankreich zu flüchten. Dort war sie in Sicherheit, denn Margarete war eine französische Prinzessin.

IV.

Der Meister erbleichte; doch war er rasch wieder gefaßt. Er sprach zu seiner Frau: „Nimm die Kinder, den Lehr= jungen und die zwei Kästchen mit dem Geld und den Klei= nobien. Schleicht euch zur Mühle an der Lahn, dort ist das kleine Pförtchen, das wird noch offen stehen; vor dem Pfört=

chen liegt ein Kahn; den löset und fahret zum andern Ufer. Meidet nur um Gotteswillen die Brücke und die großen Thore. Seid ihr glücklich hinüber, so gehet eilends den jenseitigen Fußpfad nach Gießen. In Gießen treffe ich euch, so Gott will, wieder."

Er drängte die fragende Frau vorwärts, bis sie zitternd vollführte, was er befahl. Dann faßte er Thasso an seiner Kette mit der linken Hand, mit der rechten aber nicht, wie sonst, die Peitsche, sondern das Schwert, und eilte auch nicht aufs Rathaus, sondern auf den Markt.

W. H. Riehl.

V.

Das herzogliche Schloß, welches noch vor Kurzem wie träumend in der feierlichen Stille eines Sonntagsnachmittags dalag, hatte sich seit der Anfahrt der Wagen der Prinzessin, die von Eschenburg zurückkehrten, außerordentlich belebt. Mit ihrem Eintritt und dem ihres zahlreichen Gefolges schien die schläfrige Langeweile, welche bisher in den Korriboren und Sälen herrschte, mit einmal verschwunden. Die Lakaien in den Vorzimmern saßen nicht mehr träumend auf den Banketts, sondern gingen mit erhobenem Kopfe aufmerksam umher, strichen sich ihre Haarfrisuren zurecht, zupften an ihren weißen Halsbinden und waren ganz andere Menschen geworden. Der Vogel vor dem Fenster war davongeflogen, die schlummernde Katze hatte das Weite gesucht,

und der Dragoner im Vestibül vor den Zimmern Seiner
Hoheit schritt so energisch auf und ab, das Säbel und
Sporen klirrten.

F. W. Hackländer.

VI.

Ein Schuß kracht. — Ein lauter Schrei tönt durch die
stillen Höfe des kleinen Schlosses. Ängstlich laufen die Be=
wohner zusammen. Auch die Königin eilt an das Fenster.
„Was ist geschehen?" rief Antoinette. „Majestät," war die
Antwort, „der Obergärtner hat nach Spatzen geschossen, und
unglücklicherweise ist dem Hundewärter der Schuß in die
Brust gegangen. Sie bringen ihn schon heran." „O, das
ist entsetzlich!" jammerte die Königin. Sie ließ den Ver=
wundeten sogleich in das Schloß bringen und befahl, nach
einem Arzt in Versailles zu schicken. Er wurde herbeigeholt
und verband den Verwundeten mit großer Geschicklichkeit.
Als er wieder gehen wollte, kam die Königin aus ihrem
Zimmer. „Mein Herr," redete sie ihn an, „ich habe Ihnen
meinen Dank für Ihre Hilfe abzustatten. Wollen Sie mir
gestatten, Ihnen, dem ich kein Geld anzubieten wage, diese
kleine Nadel für Ihre Kravatte überreichen zu dürfen?"
Der Arzt wandte sich um. Entsetzt fuhr die Königin zurück.
Das Antlitz des Arztes war abscheulich. Er lächelte teuf=
lisch. „Madame," höhnte er, „behalten Sie Ihre Präsente.
Ich habe meine Schuldigkeit gethan, aber von vornehmen

Leuten nehme ich keine Geschenke. Ich behandle die Kinder des Volkes umsonst." Er drehte ihr den Rücken und ging hinaus. Es war Paul Marat.

VII.

Die Federn einer Gans beschämten den neugebornen Schnee. Stolz auf dieses blendende Geschenk der Natur, glaubte sie eher zu einem Schwane, als zu dem, was sie war geboren zu sein. Sie sonderte sich von ihres Gleichen ab und schwamm einsam und majestätisch auf dem Teiche herum. Bald dehnte sie ihren Hals, dessen verräterischer Kürze sie mit aller Macht abhelfen wollte; bald suchte sie ihm die prächtige Biegung zu geben, in welcher der Schwan das würdige Ansehen eines Vogels des Apollo hat. Doch vergebens, er war zu steif, und mit aller ihrer Bemühung brachte sie es nicht weiter, als daß sie eine lächerliche Gans ward, ohne ein Schwan zu werden.

Lessing.

VIII.

Um die Mitte des 14. Jahrhunderts lebte ein Weinhänd= ler in London, namens Chaucer. Dieser hatte einen Sohn, der Geoffrey hieß. Da der Vater sehr stolz auf den Kna= ben war, ließ er ihm die beste Erziehung geben. Der junge

Chaucer ftubierte auf den Univerfitäten Oxford und Cam=
bridge. Im Alter von 18 Jahren fchrieb er das Gedicht
"The Court of Love." Diefes Gedicht machte ihn fofort
berühmt. Er erwarb fich die Gunft des mächtigen und ein=
flußreichen Herzogs von Lancafter. Am Hofe Eduards III.
war Chaucer fehr beliebt. Er zeichnete fich durch fein per=
fönliches Auftreten, durch feine Beredfamkeit und feine
beißenden Satiren aus. Bei der Geiftlichkeit war er jedoch
wenig beliebt. Denn er hatte zu oft deren tabelnswertes
Leben durch feinen bitteren Spott gegeißelt. Als Richard II.
den Thron beftieg, verließ Chaucer den Hof und zog fich
nach Woodftock zurück. Dort fchrieb er "The Canterbury
Tales," das befte feiner Werke.

Chaucer wird der Vater der englifchen Poefie genannt,
fowie John Wycliffe mit Recht der Vater der englifchen
Profa heißt. Mit diefen zwei Schriftftellern beginnt die
Periode des Mittel=Englifchen, welche bis zum Anfange
der Regierung der Königin Elifabeth dauerte.

———

IX.

Droben auf der Hochebene fteht der Bauernhof Lando=
lins ftattlich und breit. Er fteht einfam, denn die Bauern=
höfe der Gemeinde ziehen fich ftundenweit über den Berg=
rücken hin. Nur das Wohnhaus, in einer Schindelbeklei=
dung, ift nach der Straße zugekehrt; die im Viereck gebauten

Wirtschaftsgebäude liegen rückwärts, wo den steilen Berg hinan noch Wiesen und Ackerfelder weit hinauf reichen bis zu dem Buchenwald, an dem sich erst die im Morgentau glitzernden braunen Knospen zeigen.

Es ist früh am Tag, im Umkreis des Hofes ist es noch lautlos, nur der Röhrbrunnen mit seinem breiten Strahl plätschert laut; das Freibach ragt weit über den Brunnen weg, denn so kann man im Winter das Stallvieh im Trockenen zur Tränke bringen. In der Nähe des Brunnens liegen Pflastersteine aufgeschichtet, denn man will eine neue Rinne durch den Hof ziehen.

Berthold Auerbach.

X.

Das war freilich eine Prachtstadt, wie keine andere, meinte Rudy. Ein Schweizerstädtchen im Sonntagsstaat. Das sah nicht aus wie die anderen Städte, schwerfällig, ein Haufen schwerer Steinhäuser, fremd und vornehm; nein! hier sah es aus, als wären die hölzernen Häuser von den Bergen oben, hinab in das grüne Thal gelaufen, und hätten sich in Reih und Glied an dem klaren, pfeil= schnell dahinströmenden Fluß aufgestellt, ein wenig ein und aus, aber doch immer eine hübsche Straße bildend; und die prächtigste aller Straßen, ja, die war freilich emporgewach= sen seitdem Rudy als Knabe hier gewesen war; es schien ihm, als sei sie aus allen den niedlichen Häuserchen ent=

ſtanden, die der Großvater geſchnitzt hatte, und mit welchen
der Schrank zu Hauſe angefüllt war, als hätten dieſe ſich
aufgeſtellt und wären kräftig aufgewachſen, wie die alten,
älteſten Kaſtanienbäume.

Hans Chriſtian Anderſen.

XI.

Als Anſelmo erwachte, lag er im untern Stock auf dem
Bett des Gärtners, neben ihm ſtand der Graf, zu Häupten
des Lagers der Arzt, auf dem Kopf hatte er Eis liegen.

Im Augenblick, wo er die Lider öffnete, hörte er den
Arzt ſagen: „Es iſt ja kein Wunder! Wer in einer Nacht
ſolch' ein Werk geſchaffen, dem kann ſchon eine Ader
ſpringen.“

Es war, als gäbe ihm dies Wort alle Kraft zurück — er
hob den Kopf und ſah die Herren an. Der Graf beugte
ſich liebevoll über ihn.

„Sind Sie zufrieden mit meiner Arbeit?“ war Anſelmo's
erſte Frage.

„Zufrieden?“ ſagte der Graf; „Sie haben ein Wunder
vollbracht — und Sie fragen, ob man zufrieden ſei?“

Anſelmo ſetzte ſich auf und glitt mit den Füßen zur
Erde. Ein heftiges Zittern überlief ihn. „Iſt das wahr
— iſt's möglich? Könnte ich wirklich ein Künſtler werden?“

„Sie ſind es ſchon!“ rief der Graf.

„Doktor, hab' ich nicht recht?“

„Ja, das ist eine merkwürdige Leistung!" sagte der Arzt.

Da schlug der arme verkannte, verachtete Geselle die Hände vor das Gesicht und weinte. Alle die lang getragene Knechtschaft, all' die hoffnungslose Entsagung, all' das bescheiden verschwiegene, bittere Weh eines ganzen Lebens, es löste sich in der verschlossenen Seele und ergoß sich in diesen Thränen.

Wilhelmine von Hillern.

XII.

Das Krankenlager des Präsidenten Garfield ist nun doch zum Totenbett geworden. Alle ärztliche Kunst hat es nicht vermocht, den Kranken dem Leben zu erhalten; nach fast dreimonatlichen Leiden ist er der Kugel Guiteaus erlegen. Die Trauer ist in den Vereinigten Staaten ebenso allgemein wie tiefgehend und nur der Zorn wider den Mörder hält ihr die Wage. Bekanntlich hatten die Mannschaften, denen die Bewachung des Attentäters anvertraut war, neulich unter einander das Los geworfen, wer den Schurken erschießen sollte, sobald er sich am Fenster zeigte. Ein Korporal schoß auch wirklich und Guiteau blieb nur wie durch ein Wunder dem verdienten Strick, der ihn erwartet, erhalten.

Nun, da das Trauerspiel, dem die Bewohner der Vereinigten Staaten so lange mit klopfendem Herzen und verhaltenem Atem zusahen, zu Ende ist, wendet sich die Aufmerksamkeit aller in erhöhtem Maße dem Manne zu, der

an seine Stelle zu treten berufen ist. Zwei Parteien
bekämpfen sich in den Vereinigten Staaten mit großer Er=
bitterung. Die Anhänger Grants und die Freunde von
Rutherford B. Hayes. Jeder dieser Männer, von denen
der eine zweimal, der andere einmal Präsident der großen
Republik waren, repräsentiert ein Programm.

Daheim (1881).

XIII.

Über ein Jahrtausend waren die begrabenen Städte
Herculanum, Pompeji und Stabiä verschollen. Gegen Ende
des 16. Jahrhunderts wurde ein Kanal angelegt, um Wasser
vom Sarno nach Torre Annunziata zu leiten. Er fuhr quer
durch die Ruinen Pompejis und ist noch jetzt in Thätigkeit.
Allein man nützte die Gelegenheit nicht, weitere Nachgra=
bungen anzustellen. Auch den Gelehrten war die Lage der
Stadt gänzlich unbekannt. Ein Zufall führte 1719 die
Entdeckung Herculanums herbei, indem man beim Bohren
eines Brunnens auf den Grund des Theaters stieß und
eine Anzahl schöner Bildsäulen fand. Dreißig Jahre später
wurden die Ausgrabungen mit einigem Eifer wieder auf=
genommen. Von Pompeji war mittlerweile gar keine Rede,
bis 1748 zufällige, in einem Weinberge gemachte Funde
nähere Nachforschungen veranlaßten. Man begann am
Amphitheater zu graben, später am Theater. Doch ging
alles mit einer erstaunlichen Nachläßigkeit und Langsamkeit.

Jahrelang waren nur vier bis fünf Arbeiter, oft selbst auch nicht diese, beschäftigt. Die Ruinen wurden durchwühlt, um Statuen und Gerät zu finden, nachher schlecht konserviert, oder einfach wieder zugeworfen.

H. Nissen.

XIV.

Das Märchen vom Buche.

Es war wieder an einem Winterabend, als Heinrich, dieses Mal zweiter Klasse, nach jener Handelsstadt zurückfuhr, in der er so manches Jahr gelebt. Wieder tanzten draußen die Flocken, wieder sah er vor sich ein neues, ein ganz unbekanntes Leben, und siehe da! auf dem Sitz gegenüber lag wieder ein kleines, graubraunes Buch. Doch dieses Mal wußte er, wem es gehörte. Es saßen zwei Herren mit ihm im Wagen, und der ältere von den Beiden hatte soeben das Buch beendigt, es zugeschlagen, auf den Sitz gelegt und zu seinem jüngern Genossen gesagt: „Ein ganz prächtiges Buch! Wer das geschrieben hat, der ist ein Dichter."

Da gab es einen Stoß durch den Wagen, und das kleine Buch fiel zu Boden, — oder war es der Eisenbahnkobold, der es Heinrich zu Füßen warf?— Er bückte sich, ergriff es und reichte es, sich verbeugend dem Herrn gegenüber; dabei klappten die Seiten ein wenig auseinander, so daß er den

Titel erblickte, und richtig, es war der wohlbekannte Titel, es war das lang verlorene Werk.

„Verzeihen Sie," sagte er zu dem Herrn, „wenn ich Ihr Buch mir ein Bischen betrachte."

„Bitte, bitte," rief jener freundlich; „ich kann Ihnen die Lectüre empfehlen; es ist das Erstlingswerk eines neuen, eines kraftvollen, jungen Genies."

XV.

Das Märchen vom Buche (Schluß).

Und Heinrich öffnete zögernd das Buch, — doch wie erschrak er! — Denn unter dem alten bekannten Titel stand mit kleinerer Schrift ganz deutlich: „von Heinrich . . ." Es war nicht das alte Buch, sondern sein eignes, nicht das verherte, sondern ein neues, und der es geschrieben hatte, war er. Er gab es errötend und zitternd vor Staunen dem Herrn zurück, der ihn höflich befragte, weshalb er denn nicht weiterlese?

„Ich kenne das Buch schon," sagte er leise.

„Sie kennen es? das nimmt mich Wunder, es hat erst ganz kürzlich die Presse verlassen; man sandte es mir, damit ich es bespreche, denn ich bin Kritiker und Journalist. Doch dies kleine, unscheinbare Büchlein bringt selbst die strengste Kritik zum Schweigen; ich möchte nur wissen, wer es verfaßt hat."

Da sagte Heinrich ganz leise: „Ich!"

. . . .

Damit die Geschichte hübsch ordentlich ende, muß ich noch berichten, wie jener Herr Kritikus sich zu Heinrich's Beschützer und Ratgeber machte; wie sein Begleiter, obwohl selbst ein Dichter, Heinrich's wärmster und innigster Freund und unser Heinrich, der Krämerlehrling, selbst ein berühmter Schriftsteller ward.

Adalbert Meinhard.

XVI.

Es war am Abend desselben Tages und in derselben Stunde, in welcher Wolfgang sich von dem Schulmeister Balthazar Schmalhaus an der Pforte des Parkes verabschiedete, als Tante Bella — so nannte sie Jung und Alt in der ganzen Nachbarschaft — in ihrer Stube mit einer Stickerei beschäftigt am Fenster saß. Draußen wölbte sich der hellblaue Frühlingshimmel über den vom letzten Abendsonnenschein rosig beleuchteten Dächern, Giebeln und Schornsteinen des Häusergewimmels in der alten Rheinstadt; aber die Ufergasse war schmal, und in dem tiefen, niedrigen Zimmer dunkelte es bereits stark; nur der Platz unmittelbar am Fenster, wo Bella saß, war noch ziemlich hell, und dem, welcher jetzt in die Stube getreten wäre, würde Tante Bella in der allerbesten Beleuchtung erschienen sein. Tante Bella hatte durchaus nichts dagegen, den Leuten im günstigsten Lichte zu erscheinen, denn sie war, trotz ihrer achtundvierzig Jahre, keineswegs ganz über die Eitelkeiten der Welt hinaus.

Friedrich Spielhagen.

XVII.

Am 21. October 1805 gab Nelson den Befehl, von Cadiz abzusegeln, denn er wußte, daß die Franzosen in der Nähe von Kap Trafalgar sich aufhielten. Er ließ alles vorsichtig zum Kampfe vorbereiten. Seine Mannschaft war kampfeslustig. Doch des Helden Brust war schwer. Er hatte ein düsteres Vorgefühl, daß dies seine letzte Schlacht sein würde. Er fand sich bald der französischen Flotte gegenüber.

Als Nelson aufs Verdeck trat, erfüllte ein lautes, kampfbegieriges Geschrei die Luft. Er trug den Rock, der so manchen Sturm, so manche Schlacht erlebt hatte. Seine Brust war mit Ehrenkreuzen und Sternen bedeckt. Als man ihm andeutete, daß ihn dies dem Feinde zu deutlich zu erkennen gäbe, antwortete er: „In Ehren habe ich sie gewonnen, in Ehren will ich mit ihnen sterben."

Der Kampf begann. Die englischen Kriegsschiffe, angeführt von Nelson und Collingwood, stürmten in zwei Kolonnen gegen die französischen. Nach einem blutigen Gefechte blieben die Engländer Sieger. Teuer jedoch wurde der Sieg erkauft, denn Nelson, der Held des Tages, fiel. Eine

Flintenkugel von dem feindlichen Kriegsschiffe „Reboutable"
her streckte ihn nieder. Er lebte jedoch noch lange genug,
um die Siegesbotschaft zu vernehmen. Dies war das be=
rühmte Seegefecht bei Trafalgar.

XVIII.

Wenn die Gartenarbeit vorüber war, und Severa ihr
Arbeitskleid mit dem Hauskleide vertauscht und das Abend=
essen besorgt hatte, saßen die vier bei ihrer einfachen Mahl=
zeit und aßen mit dem gesunden Appetit von Leuten, die
sich den Tag über im Freien bewegt haben. War der
Abend schön, so stand die Balkonthür offen, der laue Som=
merwind strich hinein, und die Mondstrahlen spielten auf
dem Fußboden. War es aber kühl und regnerisch, so wur=
den die Thüren geschlossen. Joachim suchte ein Buch heraus
und Severa las vor. Pünktlich um zehn Uhr stand der
Major auf — er mochte schon manchmal vorher ein wenig
genickt haben — dann sagte Joachim gute Nacht, die Kranke
wurde in ihr Zimmer gebracht, und ein Tag war vorüber
gegangen, still und einförmig nach außen, voll tiefen Frie=
bens und reich an Freuden nach innen.

E. Hartner.

XIX.

Von keinem Auge gesehen, durch kein Geräusch im Hause
erschreckt, gelangte er in sein Zimmer. Hier entkleidete er

sich, nachdem er die Pistolen wieder in ihr Gehäuse zurück=
gelegt hatte, und musterte sorgfältig seine Uniform, ob sie
keine Spur der blutigen That an sich trage. Nur an sei=
nen Händen entdeckte er ein paar dunkle Flecken, die wusch
er eilig ab und schüttete das leicht gefärbte Wasser auf das
Resedabeet unter seinem niedrigen Fenster. Dann schloß er
den Laden und legte sich, tief aufatmend zu Bett. Obwohl
er ganz ruhig in seinem Innern blieb, konnte er lange den
Schlaf nicht finden. Endlich fielen ihm doch die Augen zu,
vor denen beständig das bleiche, mondbeschienene Totengesicht
gestanden hatte.

Am frühesten Morgen wurde er durch laute Stimmen im
Hausflur geweckt. Er fuhr rasch in die Kleider und trat
hinaus. Die Knechte des Verwalters und einige Leute aus
dem Ort standen um die alte Magd herum und horchten
dem Bericht eines Burschen der droben im Wäldchen den
Toten gefunden hatte.

Paul Heyse.

XX.

Am sonnigen Ufer des schwarzgrünen Walchensees in
Oberbaiern, dicht an der uralten Landstraße, auf welcher
im Mittelalter die deutschen Heere nach Italien zogen, liegt
ein einladendes, geräumiges Wirtshaus, „Zur Post" genannt,
und allsommerlich das Ziel zahlreicher Touristen.

Das Bild der weiten Berglandschaft mit dem flimmern=

ben See, an beſſen öben, walbumſchatteten Ufern keine ein=
zige Ortſchaft liegt, hat etwas Düſteres tief Schwermutvolles,
auch an ganz heiteren Tagen, wie heute.

Es iſt einer jener feierlichen Sommermorgen, an benen
das Hochland ſeine ganze Majeſtät entfaltet.

.   .   .   .

Gegenüber vom Poſthaus ſteht noch ein kleineres Logir=
haus — eigentlich unmittelbar in das Waſſer hinein gebaut,
oben mit behaglichen, ſaubern Zimmern, während in ben
unteren bunklen Räumen die Kähne und „Schiffe" liegen,
beren man ſich zur Überfahrt nach Urfelb bebient. Zur
Seite bes Hauſes findet ſich ein ſchattiges offenes Pläß=
chen bicht am Waſſer, unb häufig werden Tiſche unb Stühle
borthin geſtellt von ben Gäſten.

Julius Große.

XXI.

Der tote Gaſt.

Kaum war im Städtchen laut geworden, wer ber Com=
manbant ſei, ſammelten ſich die alten Bekannten wieber
zu ihm. Walbrich warb in alle Geſellſchaften ber beſten
Häuſer gezogen, unb er in allen ber beſte Geſellſchafter,
geiſtvoll, witzig, brav, ein angenehmer Erzähler, mit ben
Gelehrten gelehrt, mit ben Kunſtfreunden Künſtler, er zeich=
nete gut, ſpielte Flügel unb Flöte mit Fertigkeit, tanzte
allerliebſt, unb die Frauen unb Töchter gaben zu, er ſei ein

schöner, flüchtiger, aber eben darum äußerst gefährlicher junger Mann. Was die Gefährlichkeit betrifft, wußte eigentlich keine der Schönen bei sich ins Klare zu bringen, ob er durch sein bescheidenes Wesen die Gefahr vermindere oder vergrößere. Indessen war es eben damals im Städtchen keiner Schönen und keiner Häßlichen sehr darum zu thun, Eroberungen zu machen, oder sich erobern zu lassen. Jede vielmehr verwahrte ihr Herz mit ungewöhnlicher Sorgfalt. Die Ursache dieser Enthaltsamkeit wird, wer nicht zu Herbesheim wohnt, oder die handschriftlichen Chroniken der Stadt kennt, schwerlich erraten; wer sie nun aber kennen lernen wird, schwerlich glauben; und doch ist sie unleugbar wahr, je unwahrschein= licher sie ist.

XXII.

Der tote Gast (Schluß).

Es war nämlich dieses Jahr die hundertjährige Jubel= oder Jammerfeier des sogenannten toten Gastes, der besonders allen Bräuten in der Stadt ein böser Gesell zu sein schien. Niemand wußte genau, welch' eine Bewandtnis es mit diesem Gaste habe. Aber man erzählte sich, es sei ein Gespenst, das alle hundert Jahre einmal in die Stadt Herbesheim wiederkomme, vom ersten Advent bis zum letzten Advent darin hause, zwar kein Kind beleidige, aber richtig jeder Braut den Hof mache, und damit ende, ihr das Ge= sicht in den Nacken zu drehen. Des Morgens finde man

sie, das Antlitz im Rücken, tot im Bette. Was dies Ge=
spenst aber noch vor allen Gespenstern in der Welt aus=
zeichnet, ist, daß es nicht etwa nur in der gesetzlichen Gei=
sterstunde, Nachts zwischen 11 und 12 Uhr, sein Wesen
treibt, sondern es soll am heitern, lichten Tage in wahrer
Menschengestalt auftreten, ganz modisch wie andere Erden=
söhne gekleidet einhergehen, überall hinkommen und sich ein=
führen. Dieser Gast soll Geld vollauf haben, und, was
das Ärgste ist, wenn er keine Braut eines Andern findet,
selbst die Gestalt eines Freiers annehmen, die armen Herzen
der Mädchen behexen, blos um diesen nachher, wenn er ihnen
mit Liebesgrillen das Köpfchen ein wenig verrückt hat, des
Nachts den Kopf umdrehen zu können.

Heinrich Zschokke.

XXIII.

Als der berühmte Benjamin Franklin noch ein Jüngling
von 18 Jahren war, besuchte er einst den Prediger Cotton
Mather in Boston. Dieser nahm ihn sehr liebreich auf und
führte ihn beim Weggehen einen kürzeren Weg aus seinem
Hause. Die Nebenthüre aber war so niedrig, daß ein er=
wachsener Mensch sich bücken mußte, um nicht an den Quer=
balken zu stoßen. Franklin sprach während des Fortgehens
mit seinem leutseligen Führer und sah daher nicht aufmerk=
sam vor sich hin. — „Gebückt! Gebückt!" rief auf einmal
der Prediger, aber in dem Augenblicke fühlte schon Frank=

lin den Balken an der Stirn. „Merk' Er sich den kleinen
Unfall!" sagte der Prediger. „Er ist jung und hat die
Welt vor sich. Bück' Er sich auf dem Wege, und Er wird
sich manchen harten Puff ersparen."

Diese Lehre machte áuf den jungen Franklin einen so
tiefen Eindruck, daß er sich ihrer im Alter von 79 Jahren
noch erinnerte und die Geschichte einem Sohne des erwähn=
ten Predigers erzählte, indem er hinzusetzte: „Dieser gute
Rat Ihres seligen Vaters, so in Kopf und Herz eingeprägt,
ist mir ungemein nützlich gewesen, und noch jetzt fällt er
mir gewöhnlich ein, wenn ich sehe, wie der Hochmut so ge=
demütigt wird und wie so mancher sich unglücklich macht,
weil er die Nase zu hoch trägt."

Schlez.

XXIV.

Georgs Grab ward rings von Sträuchern und Blumen
umblüht. Liebende Mutter=, Gattin= und Kindeshände heg=
ten und pflegten es, und wenn der Frühling kam, sangen
Nachtigallen, Rotkehlchen, Finken und Amseln ohne Zahl
fröhliche Lieder zu Häupten des Unglückskindes, das da
ruhte. Sein Sohn Georg wuchs auf zum Stolz der Mut=
ter und ward ein edler Fürst im schönen Italien.

Jahrhunderte sind seitdem vergangen, und heute noch
Pilgern von Nah und Fern begeisterte Künstler zu dem
Grabe des großen Baumeisters Georg Peregrinus aus dem

fürstlichen Haufe der Grifo und legen Kränze auf den grü=
nen Hügel, den die Sonne so freundlich bescheint. Sie
wenigstens glaubt nicht, daß unter demselben ein Unglücks=
kind ruht.

Georg Ebers.

XXV.

Der Doktor begann nun seine täglichen Besuche im Schloß.
Vom höfischen Leben und höfischer Klugheit wußte er gar
nichts. Nur eine orientalische Hofregel war ihm beigefallen,
die er früher einmal in einem alten Buche gelesen, und diese
murmelte er an jedem Morgen vor sich hin, wenn er die
Marmortreppe hinanstieg. Die Regel lautete:

> „Kommst du in des Königs Haus,
> Geh blind hinein und stumm heraus.“

Und dieser Spruch ward ihm zum schützenden Zauber.

Die ärztliche Consultation verlief Tag für Tag folgen=
dergestalt. Leibmedicus Müller erschien Schlag 8 Uhr im
Arbeitszimmer des Fürsten, der oft seit Tagesanbruch hinter
Akten und Büchern saß. Das übrige Dienstpersonal mußte
sich beim Eintritt des Arztes entfernen, wie es wohl alter
Brauch am Hofe war. Allein der jetzige Fürst hielt dop=
pelt streng auf diesen Brauch; denn er hatte bekanntlich
guten Grund, seine Umgebung im Dunkeln zu lassen über
den wunderlichen Dienst des neuen Leibmedicus.

W. H. Riehl.

XXVI.

Der Ring Napoleons I.

Der erste Bonaparte, der bekanntlich Fatalist war, glaubte mit Zuversicht an seinen Stern. Er glaubte aber auch an seinen Ring. Woher dieses Kleinod stammte, hat man niemals erfahren können. Thatsache aber ist, daß Napoleon in ihm einen Talisman erblickte, von dem er sich niemals trennte. Als er im Jahre 1814 in Fontainebleau im Moment seiner Abdankung einen vergeblichen Versuch gemacht hatte, sich zu vergiften, sagte er zum Doktor Corvisart, der ihn pflegte: „Ich sollte nicht sterben; ich hatte nicht an meinen Talisman gedacht." Bei diesen Worten wies er auf seinen Ring hin. Nach seinem Tode sollte das Kleinod auf seinen Sohn, den König von Rom, übergehen, aber der Übermittlung nach Wien stellten sich Schwierigkeiten entgegen. So übergab man den Ring einstweilen der Königin Hortense zur Aufbewahrung und diese schenkte ihn später dem Prinzen Louis. Napoleon III. trug nur diesen Ring, den man in seiner Umgebung als den Ring des Kaisers bezeichnete, und einen andern, den er von seiner Mutter geerbt.

———

XXVII.

Der Ring Napoleons I. (Schluß).

Wenn Napoleon III. stehend mit Jemanden sprach, so faltete er die Hände auf dem Rücken und spielte mit bie-

sen Ringen, die er durch die Finger gleiten ließ. Häufig
ereignete sich dabei, daß sie fielen und auf dem wohlgeglät=
teten Parquet fortrollten, so daß man manchmal Mühe hatte,
sie unter den Möbeln wiederzufinden. Beim Tode Napo=
leons III. wollte man diese dem Kaiserlichen Prinzen über=
geben und versuchte deshalb sie von den erstarrten Händen
des Toten abzustreifen. Indes der junge Prinz verweigerte
dieses Erbe anzunehmen, indem er sagte: „Nein, nein, ich
will meinen Vater nicht berauben." So wurde denn der
Talisman Napoleons I. mit in die Gruft von Chiselhurst
gelegt, was die alten Diener Napoleons als ein böses Omen
für ihren jungen Prinzen betrachteten. Noch heute sind sie
überzeugt, daß Prinz Louis niemals ein so klägliches Ende
im Kaffernlande gefunden hätte, wenn er von dem Talis=
man seines Großoheims beschützt gewesen wäre. Für diese
alte Garde der Tuilerien ist auch jede Hoffnung auf eine
Wiedererweckung der bonapartistischen Legende geschwunden.
Die „Kette der alten Tradition," so sagen sie, „ist zerrissen,
es fehlt ihr ein Ring."

Fremden=Blatt.

XXVIII.

Nach einer Weile ertönte von dort ein schöner vierstim=
miger Gesang und nun wußte ich mit einem Male, daß
ich vorhin recht gesehen hatte und wem wir alle diese klei=
nen Überraschungen zu danken hatten. Ja etwas wie Rüh=

rung ergriff mich, denn was dort klang, war mein Lieb=
lingslied, jenes Volkslied aus dem Bergischen mit der selt=
sam schönen Melodie, das Ludwig Eck in seiner bekannten
Sammlung vorangestellt hat:

> Verstohlen geht der Mond auf!
> Blau, blau Blümelein!
> Durch Silberwölkchen führt sein Lauf.
> Rosen im Thal,
> Mädel im Saal,
> O, schönste Rosa!

Nach Beendigung dieses Liedes setzte der Kahn sich wieder
in Bewegung und fuhr langsam ein großes Stück weiter in
den See hinaus. Aus dieser Ferne klang dann ein anderes
Lied in lieblicher Weise über die silberne Flut zu uns her.
Dann wieder nach längerer Stille schallte es noch einmal
ganz fern aus der geheimnisvollen Mondesdämmerung wie
der Gesang seliger Geister über den Wassern. Wir lausch=
ten noch einige Zeit, doch nichts weiter mehr ward vernehm=
lich, nur der Gesang der Nachtigallen tönte lauter und
sehnsuchtsvoller durch das Schweigen der mondhellen Nacht.

Heinrich Seidel.

XXIX.

Nicht zu leugnen ist es, daß Allen das Herz klopfte, als
die Tritte sich vorsichtig dem Hause näherten.

Der Hauptmann hatte das Fenster geöffnet und lauschte
hinter dem Laden; die Übrigen traten ihm nach und ver=

nahmen nun flüsternde Stimmen, aber ohne den Inhalt der Worte zu verstehen. Einige Minuten wurde alles still, dann verrieten die knisternden Zweige des Epheus, daß die Diebe heraufzuklettern begannen.

Atemlos standen die Lauscher und die Männer empfanden es als eine Qual, so unthätig zu warten, ja nicht einmal zu sehen, wie die Bösewichter sich näherten.

Plötzlich klirrte ein Fenster des Saals, und nun griffen der Hauptmann und seine Gefährten nach den Gewehren, denn jetzt galt es, auf der Hut zu sein, wollte man die Beute sich nicht entwischen lassen.

Durch einen Spalt der nicht ganz geschlossenen Thüre war ein Teil des Saals zu übersehen. Man erblickte zwei Männer, die vorsichtig vom Fenster herunterglitten; dann zündete der eine die kleine Blindlaterne an, die der andere ihm reichte, indem er halblaut sagte:

„Nun, Joseph, nimm deine fünf Sinne zusammen, damit wir schnell den rechten Ort finden.“

Amalie von Clausberg.

XXX.

Es war ein wundervoller Herbsttag, dieser 27. September. Der Schwarzwald lag im Sonnenglanz. Der Wagen stand bereit und wir fuhren aus. Gegen vier Uhr kamen wir nach Mundelsheim zum Hauptquartier. Ich weiß nicht, diesmal fanden wir es so still, es schien alles ausgeflogen zu sein. Der Offizier, der uns nach dem Observatorium führen sollte, war nicht da. Draußen aber auf dem Felde und auf dem Observatorium waren viele Leute. Was mochte denn wohl begegnet sein? Unter dem heftigen Kanonen= donner, der vor Straßburg tönte, fuhren wir heimwärts. In Lampertheim dieselbe Stille, nur hörten wir sagen, mit Straßburg werde es nicht lange mehr dauern. Als wir im Standquartier waren, hörte nach einer Viertelstunde das Schießen plötzlich auf. Bald rief es von allen Seiten: „Die weiße Fahne, die weiße Fahne flattert am Münster!" „Straßburg ist unser!" jubelten die Leute. Bald bestätig= ten es die Ordonnanzen, die zurückritten. Viele weinten Thränen der Freude, andere sangen Siegeslieder. Der Jubel war unaussprechlich groß.

E. Frommel.

XXXI.

Da lag der Fremde auf dem Bett, die Augen geschlos= sen, den Mund wie von Schmerzen halb geöffnet, daß die Zähne vorschimmerten. Von seiner sehr bleichen Stirn war das blonde Haar zurückgesträubt und troff von Blut und Regenwasser. Am Boden lag das Barett und das seidne Wams und ein ganz mit Blut getränktes Hemd, das der Diener mit einem reinen vertauscht hatte. Frau Helena erbebte bis in die Kniee, als sie an diesem Fremden die feine Leinwand wiedersah, die sie selbst für ihren Sohn ge=

sponnen, und die Buchstaben, die sie eingestickt hatte. Sie
heftete, um sonst nichts im Zimmer sehen zu müssen, ihre
Augen fest auf das junge Gesicht, das trotz seiner Toten-
blässe einen harmlosen, knabenhaft gutmütigen Ausdruck hatte.
Daß er guter Leute Kind sein mußte, hatte sie rasch an
seiner Kleidung erkannt, und der Ton, mit dem er sie um
Rettung angefleht, klang ihr noch beweglich im Ohr. Ein
mütterliches Gefühl überkam sie, und große Thränen rollten
über ihr welkes Gesicht. — Dann kam der alte Diener wieder herein mit einem Kruge frischen Wassers und wollte sich
daran machen, dem Ohnmächtigen die Schläfe zu waschen.
„Laßt das mir!" sagte die Herrin und nahm ihm den
Schwamm aus der Hand. „Holt den guten Essig aus der
Credenz und auch eine Flasche von unserm alten Wein.
Wenn er wieder zu sich kommt, wird ihn nach einer Stär-
kung verlangen."

Paul Heyse.

XXXII.

Eine finstere, unheimliche Nacht hatte sich herabgesenkt.
Nichts war auf der weiten Wasserfläche des Schwarzen
Meeres zu erkennen, als der grünliche Schaum der wild tan-
zenden Wogen, jener unheilvolle Verkünder herannahenden
Sturmes und drohenden Unwetters.

Umsonst suchte ein von Varna kommender Seedampfer
die schützende Kanalstraße des Bosporus zu gewinnen, um-

sonst waren Hunderte geschäftiger Hände bemüht, das Fahr=
zeug jener Richtung zuzulenken — die entfesselten Elemente
zeigten sich mächtiger als die Kraft der Menschen. Alles
Ankämpfen gegen Sturm und Wellen blieb erfolglos, und
einer Nußschale gleich ward der stolze Dampfer von den
schäumenden Wasserbergen hin und her und weit in das
Meer zurückgeworfen.

Oskar Höcker (Aus Moltke's Leben).

XXXIII.

So ging sie denn allein über den weiten Rasen und unter
den himmelhohen Bäumen dahin, und bald sah der Zurück=
bleibende nichts mehr von ihr. Sie aber schritt weiter und
weiter durch die Einsamkeit. Bald hörten die Baumgruppen
auf, und der Boden senkte sich. Sie erkannte wohl, daß
sie in dem ausgetrockneten Bette eines Gewässers ging;
weißer Sand und Kiesel bedeckten den Boden, dazwischen la=
gen tote Fische und blinkten mit ihren Silberschuppen in der
Sonne. In der Mitte des Beckens sah sie einen grauen
fremdartigen Vogel stehen; er schien ihr einem Reiher ähn=
lich zu sein, doch war er von solcher Größe, daß sein Kopf,
wenn er ihn aufrichtete, über den eines Menschen hinweg=
ragen mußte; jetzt hatte er den langen Hals zwischen den
Flügeln zurückgelegt und schien zu schlafen. Maren fürch=
tete sich. Außer dem regungslosen unheimlichen Vogel war

kein lebendes Wesen sichtbar, nicht einmal das Schwirren
einer Fliege unterbrach hier die Stille; wie ein Entsetzen
lag das Schweigen über diesem Orte.

Theodor Storm.

XXXIV.

Reinhold selbst war freilich ein Anderer geworden in die=
sen Jahren, ein ganz Anderer. Das junge Talent, das
einst so ungeduldig gegen die beengenden Schranken und
Vorurteile seiner Umgebung ankämpfte, hatte sich zum ge=
feierten Künstler emporgeschwungen, dessen Name weit über
die Grenzen Italiens und seiner Heimat hinausdrang, dessen
Werke auf den Bühnen aller Hauptstädte heimisch waren,
dem Ruhm und Ehre, Gold und Triumphe in reichster Fülle
zuströmten. Dieselbe mächtige Wandlung hatte sich auch an
seinem Äußeren vollzogen, und unvorteilhaft war diese Ver=
änderung keineswegs, denn statt des bleichen ernsten Jüng=
lings mit dem verschlossenen Wesen und den tiefen düsteren
Augen stand jetzt ein Mann da, dem man es ansah, daß
er mit dem Leben und der Welt vertraut war, und erst bei
dem Manne kam die stets so eigentümlich anziehende Art
seiner Schönheit zur vollsten Geltung. Es stand dieser ide=
alen Stirn gut, dieses stolze Selbstbewußtsein, das jetzt
darauf ruhte, und sich auch in den Zügen, in der ganzen
Haltung aussprach, aber es lagen auch tiefe Schatten auf
dieser Stirn und in diesen Zügen, die wohl nicht das Glück

hineingelegt hatte. Von dem Munde zuckte es wie herber Spott, wie höhnische Bitterkeit, und im Auge schlummerte der einstige Funke nicht mehr in der Tiefe; jetzt loderte eine Flamme dort, brennend, verzehrend und fast dämonisch aufzuckend bei jeder Erregung. Was dieses Antlitz auch äußerlich gewonnen haben mochte, Friede sprach nicht mehr daraus.

C. Werner.

XXXV.

Wir sind gewöhnt, den Kühen wenig Intelligenz zuzusprechen, und allerdings durch geistreiches Benehmen werden sich noch nicht viele ausgezeichnet haben. Nichtsdestoweniger gehören auch diese ehrsamen und meist so äußerst gemütsruhig daherwandelnden Hörnerträger zu den verkannten Genies, und wenn man Gelegenheit hat, Kühe ganz auf sich selbst angewiesen zu beobachten, wird man sein bisheriges absprechendes Urteil bedeutend modifizieren. Man muß die Kühe auf den Alpen sehen, mit welchem Mut, mit welcher ganz schlau berechnenden Vorsicht sie dort oben herumspringen, wandeln, klettern, vor Unwetter sich zu schützen und gegen Angreifer wie Hunde, Luchse, mitunter sogar gegen Bären sich zu verteidigen wissen; an Meeresküsten muß man Kühe kennen lernen, bei Stürmen, Springfluten sie gesehen haben, um ihnen ein recht gutes Teil Klugheit, Entschlossenheit, Schärfe der Beobachtung und Gewandtheit zuzuertei-

len. Die Kühe auf den Schweizerbergen und an den Kü=
sten sind gar keine so uninteressanten Geschöpfe und es ist
zu verwundern, daß verhältnißmäßig so wenig Künstler sie
im Höhepunkt ihres Wesens darstellen. Meist dienen sie
diesen nur als idyllische Staffage zu den Landschaften oder
für sich als Tierstillleben.

Über Land und Meer.

XXXVI.

Mit dem Reisen in einem Eisenbahnzug ist es eine ganz
wunderliche Sache, und man muß es in der That erst ler=
nen, ehe man es ordentlich kann. Manche Leute werden
mir das nicht glauben und sagen: „Was ist aber dabei zu
lernen? Ich löse mir eben ein Billet, gebe meine Sachen
auf, setze mich ein und fahre dann mit fort — das kann ein
jeder." — Das allerdings und er reist dann ebenso rasch als
die Übrigen — aber wie? Zehn gegen eins, daß er in ein
dichtgefülltes Coupé kommt, wo er nicht einmal die Füße
ausstrecken kann; möglicherweise hat er auch eine Dame,
mit einem schreienden Kind auf dem Schoß, gegenüber, wäh=
rend ein kleiner, ihr ebenfalls gehörender Bursche von fünf
oder sechs Jahren ununterbrochen über seine Füße fort nach
dem Fenster klettert und ihm dabei ein angebissenes Butter=
brot mit der gestrichenen Seite auf die Kniee drückt. Er
möchte rauchen, aber es geht nicht — eine Dame an seiner
Seite erklärt, daß sie keinen Tabaksdampf, ebensowenig aber

auch Zug vertragen könne; und er darf deshalb das Fen=
ster nicht herunter lassen, obgleich im Coupé eine drückende
Schwüle herrscht.

Friedrich Gerstäcker.

XXXVII.

Eigentlich hatte Fritz die Absicht gehabt, direkt nach Köln
und von da ab den Rhein aufwärts zu fahren, auch nur ein
Billet bis Gießen genommen. Unterwegs war ihm aber
fortwährend die Familie Raspe im Kopf herumgegangen.
Es kam ihm gar so sonderbar vor, daß sie ihm von zwei
ganz entgegengesetzten Seiten zu gleicher Zeit empfohlen
werden sollte, und seine Neugierde erwachte natürlich, die
beiden jungen Damen kennen zu lernen, die er schon als
Kinder gesehen und über deren Liebenswürdigkeit Claus jetzt
so viel berichtet. Was lag überhaupt daran, ob er zuerst
nach Mainz oder Köln fuhr, und dann machte es ihm auch
Spaß, wenn er daran dachte, was für ein Gesicht sein alter
Freund Claus ziehen würde, sobald er erfuhr, daß Fritz vor
ihm in Mainz bei der Familie gewesen und die Damen be=
sucht hätte.

Mit dem Gedanken löste er sich in Gießen, anstatt nach
Köln, ein Billet nach Frankfurt und schritt dann zu dem
nämlichen Zug, mit dem er bis hierher gefahren, zurück.
In das nämliche Coupé wollte er aber nicht wieder hinein,
und einem Unterschaffner ein Stück Geld in die Hand drück=

enb, sagte er: „Ein Nicht=Rauchcoupé, lieber Freund, wo ich ein wenig ungestört sein kann — Sie verstehen mich schon."

Friedrich Gerstäcker.

XXXVIII.

Als Richard Löwenherz aus dem heiligen Lande zurück= kehrte, scheiterte sein Schiff an der nördlichen Küste des Meerbusens von Venedig. Er entschloß sich nun, in dem Gewande eines Pilgers, unter dem Namen Hugh, durch das Festland zu reisen. Doch in Wien geriet er in die Gewalt des Herzogs Leopold von Österreich.

Man erzählt, Richard hätte diesen Herzog bei der Bela= gerung der Stadt Acre in Palästina töblich beleidigt. Leo= pold war erfreut über diese Gelegenheit, die Beschimpfung an dem verhaßten Königs von England rächen zu können.

Er sperrte seinen Gefangenen zuerst in die Burg Tieren= stein ein. Später verkaufte er ihn an den Kaiser von Deutschland für eine große Summe Geldes. Dieser soll ihn in ein abgelegenes Schloß in Tirol gebracht haben.

Es trug sich nun zu, daß Blondel, Richards Lieblings= sänger, auf seinen Wanderungen an das Schloß kam. Un= ter den Fenstern der Burg sang Blondel ein Lied, das Ri= chard selbst componiert hatte, und er begleitete den Gesang mit der Harfe. Der König erkannte alsbald die ihm wohl= bekannten Töne und stimmte ein in den Gesang. Der

Harfner erkannte sofort die Stimme seines Herrn. Er reiste sogleich nach England. Dort machte er bekannt, wo der König als Gefangener sich befände.

Die Engländer mußten ihren König mit einem schweren Lösegeld loskaufen. Richard war nun frei und konnte nach England zurückkehren.

XXXIX.

Wenn das Wort: „Die besten Frauen sind die, von denen man am wenigsten spricht," auch von Fürstinnen gilt, so gehört die Prinzessin von Wales zu den besten Frauen. Die Welt weiß von ihr nicht viel mehr, als daß sie im Alter von neunzehn Jahren mit dem zweiundzwanzigjährigen Prinzen von Wales vermählt wurde, und daß sie heute eine ebenso liebvolle Mutter ihrer Kinder ist, als sie eine zärtliche Tochter war. Und doch lassen die ernsten Augen der hohen Frau vermuten, daß die Sonne des Glücks ihr Leben nicht immer bestrahlte.

Prinzessin Alexandra ist eine ernste Natur mit stark entwickelten Pflichtgefühl. Ihre hohe Gestalt, die Grazie und Vornehmheit ihrer Bewegungen, die edle Form ihres Gesichtes, in welchem sich Güte mit stolzer Zurückhaltung paart, lassen die Fürstin erkennen. In ihren Augen liegt etwas Fragendes und zugleich Träumerisches; sie scheint die Dinge auf ihren innern Wert hin zu prüfen, scheint Herz und Phantasie zu besitzen. Wäre sie auch nicht dazu bestimmt,

bereinſt die Königskrone von England und die Kaiſerkrone
von Indien zu tragen, ſie bliebe doch eine höchſt intereſ=
ſante Frau.   Illuſtrirte Frauen=Zeitung.

XL.

Der Prinz von Wales hat das offene, heitere Geſicht, die
breite Figur, die runden Formen und den Humor des alt=
engliſchen Landedelmanns. Das Wort: "Nothing like a
good joke" (nichts geht über einen guten Spaß), welches
Karl II. ſo oft im Munde führte, beſitzt auch Geltung bei
ihm. Er ſucht mit Vorliebe luſtige Geſellſchaft auf und ver=
breitet Heiterkeit, wohin er kommt. Als er im Jahre 1873
die Wiener Weltausſtellung in Begleitung ſeiner Schweſter
Victoria und ſeines Schwagers, des deutſchen Kronprinzen,
beſuchte, brachte er vor einigen ausgeſtellten Gemälden durch
humoriſtiſche Bemerkungen ſeine Begleiter derart in's Lachen,
daß dieſe den Saal verließen, um nicht aufzufallen. Wie
die Cavaliere des luſtigen Altengland, ſucht er dem Leben
die heiterſte, glänzendſte Seite abzugewinnen und genießt
fröhlich, was der Augenblick ihm bietet.
                      Illuſtrirte Frauen=Zeitung.

XLI.

Es reden und träumen die Menſchen viel
Von beſſern künftigen Tagen;

Nach einem glücklichen, goldenen Ziel
Sieht man sie rennen und jagen.
Die Welt wird alt und wird wieder jung,
Doch der Mensch hofft immer Besserung.

Die Hoffnung führt ihn ins Leben hinein,
Sie umflattert den fröhlichen Knaben;
Den Jüngling lockt ihr Zauberschein,
Sie wird mit dem Greis nicht begraben;
Denn beschließt er im Grabe den müden Lauf,
Noch im Grabe pflanzt er die Hoffnung auf.

Es ist kein leerer, schmeichelnder Wahn,
Erzeugt im Gehirne der Thoren;
Im Herzen kündet es laut sich an:
Zu was Besserm sind wir geboren!
Und was die innere Stimme spricht,
Das täuscht die hoffende Seele nicht.

Schiller.

XLII.

Friedrich der Große.

Friedrich der Große war einer der größten Herrscher, die die Welt je gesehen hat. Er war nicht nur ein kluger Staatsmann, sondern auch der größte Feldherr seiner Zeit. Er war ein sehr strenger, aber zugleich ein sehr gerechter König. Er regierte sein Reich als ob es sein eigenes Gut

wäre; auch widmete er der Kunst und Wissenschaft viel
Zeit. Dies alles war ihm nur möglich, weil er seine Zeit
sehr genau einteilte, und jede Stunde des Tages hatte ihre
besondere Arbeit. Um vier Uhr des Morgens stand er auf;
in wenigen Minuten hatte er sich ohne Hilfe angekleidet und
dann ging er an seinen Schreibtisch, auf welchem die in der
Nacht angekommenen Briefe lagen. Die wichtigsten las er
selbst und schrieb auch gewöhnlich an den Rand, was dar=
auf zu antworten sei. Sobald die Briefe gelesen waren,
trank er Kaffee und ging dann, die Flöte blasend, ein bis
zwei Stunden im Zimmer auf und ab. Nachdem er die
Flöte weglegte, traten die Räte ein; und dann wurden die
Briefe beantwortet. Wenn dies Geschäft zu Ende war, las
er in einem Buche oder schrieb Briefe.

XLIII.

Friedrich der Große (Schluß).

Genau um zwölf Uhr ging er zur Tafel, wo er immer
die gebildesten Offiziere und die berühmtesten Gelehrten bei
sich hatte. Nach Tische bließ er wieder eine halbe Stunde
die Flöte, dann unterschrieb er die Briefe, die man unter=
dessen geschrieben hatte, und ging dann ein wenig spazieren,
wenn das Wetter es erlaubte. Von vier bis sechs Uhr des
Abends schrieb er; von sechs bis sieben wurde ein Konzert
gegeben, an welchem der König oft selbst teilnahm, und

dann folgte die Abendmahlzeit, die oft bis Mitternacht dau=
erte. Diese Lebensart wurde nur durch Krieg oder durch
Reisen unterbrochen.

In der Schlacht bei Kollin führte der König selbst mit
dem Degen in der Hand eine Kompagnie gegen eine öster=
reichische Batterie. Seine Soldaten flohen, als die feind=
lichen Kugeln ihnen um die Ohren zu pfeifen anfingen.
Friedrich aber achtete nicht darauf und ritt immer weiter,
bis ein Offizier ihm zurief: „Wollen Ihre Majestät die
Batterie allein erobern?“ Jetzt erst erkannte der König
seine Lage, hielt sein Pferd an, betrachtete die Batterie
einen Augenblick und ritt dann langsam zu seiner Armee
zurück.

XLIV.

Die erste Begrüßung der Kaiser von Österreich und Frank=
reich in Salzburg hatte ·stattgefunden, und alle Zeitungen
waren voll von der Beschreibung des Empfangsceremoniels
und des Diners am Abend des ersten Tages, bei welchem
der Kaiser Franz Joseph persönlich dem Fürsten Richard
Metternich den Orden des goldenen Vließes überreicht hatte,
wo er ihm seine Anerkennung ausgedrückt für die Verdienste,
die er um die guten Beziehungen der beiden Höfe sich er=
worben.

Der Kaiser Napoleon hatte, den Sinn dieser Auszeich=
nung in ostensiblem Verständnis erfassend, dem Kaiser von

Öfterreich dafür, als für eine ihm felbft erwiefene Artigkeit, gebankt, und damit der ganzen Begegnung noch um einen Grad mehr den politifchen Stempel aufgebrückt. Daneben berichtete man ausführlich von der Begegnung der Kaiferin= nen, über die Toiletten der hohen Damen, über den Spa= zierftock der Kaiferin Eugenie, über den Hund der Kaiferin von Öfterreich und über alle jene taufend kleinen Details.

Kurz, das Schaufpiel, welches fich vor den Augen Euro= pas vollzog, war in vollem Gang. In der alten Bergftadt, umragt von den mächtigen Alpen, entwickelte fich das ganze bunte und gefchäftige Treiben zweier großen Höfe, welches den eigentlichen Kern des Lebens der Souveräne wie mit einer glänzenden Wolke verhüllt, die profanen Blicke ablen= kend auf kleine und unfcheinbare Äußerlichkeiten.

Gregor Lamarow.

XLV.

Die theatralifche Scene wirkte. Guillemain mit dem wild flatternden Haare, dem totenbleichen Geficht, den rollenden Augen, den gekrampften Händen, fah in der That einem Wahnfinnigen ähnlich genug und fein vergeblicher Proteft, daß nicht er verrückt fei, fondern höchftens fein mitleidiger Freund, der ihn für verrückt erkläre, fteigerte noch die na= turwahre Täufchung des Eindruckes. Die anwefenden Fran= zofen zumal glaubten, der Mann fei wirklich wahnfinnig; denn der deutfchen Sprache nur halb mächtig hatten fie die genügend klaren Reden Guillemains ohnedies nicht recht begriffen; desto überzeugenderen Eindruck machte ihnen die Gruppe auf der Rednerbühne und die französischen Worte des Arztes. Die Deutschen dagegen waren froh, daß man den Unruhestifter mit so guter Manier für ihn und andere unschädlich gemacht, sie umringten ihn und halfen dem Arzte, seinen zu Unzeit erstandenen Freund endlich mit heiler Haut aus dem Saale zu bringen.

W. H. Riehl.

XLVI.

Nachdem der Knight sich gesammelt und noch einmal einen langsamen und prüfenden Blick auf das Placat an der Kirchenthür geworfen, sagte er mit einer Stimme, welche die innerliche Bewegung verriet durch die Art, wie sie die einzelnen Worte fest, aber gebrochen hervorstieß: „Ich ersehe aus diesem Erlaß zwierlei. Das Parlament verordnet erstlich, daß kein Maibaum aufgerichtet werden soll; und das Parlament verordnet zweitens, daß für jeden Maibaum, der dennoch aufgerichtet worden, ein jeder Diener der Obrigkeit um fünf Schillinge die Woche zu strafen sei. Nun aber ist es klar, daß von diesen beiden Verordnungen des Parlaments nur eine befolgt werden kann. Entweder wir richten keinen Maibaum auf und dann haben wir auch keine Strafe zu bezahlen; oder wir bezahlen die Strafe und dürfen dann einen Maibaum aufrichten . . ."

Ein beifälliges, halblautes Gemurmel: „Der Knight hat Recht! Der Knight hat Recht!" lief durch den Haufen, welcher sich immer erwartungsvoller um den verehrten und allgemein geliebten Herrn zusammendrängte, während Martin, der Küper, an seinem unterbrochenen Werk abermals aufblickend, rief: „Sir! daran hatte ich auch schon gedacht! Aber das Geld, das viele, viele Geld!..."

Der Knight besann sich noch eine Weile, dann sprach er: „Ich bezahle das Strafgeld und Ihr sollt den Maibaum haben!"

Julius Rodenberg.

XLVII.

Je höher man den Berg hinaufsteigt, desto kürzer, zwerghafter werden die Tannen. Sie scheinen immer mehr zusammen zu schrumpfen. Da wird es auch schon fühlbar kälter. Die wunderlichen Gruppen der Granitblöcke werden hier erst sichtbar; diese sind oft von erstaunlicher Größe. Es ist ein äußerst erschöpfender Weg, und ich war froh, als ich endlich das langersehnte Brockenhaus zu Gesicht bekam. Man ist nach einem langen, einsamen Umhersteigen durch Tannen und Klippen plötzlich in ein Wolkenhaus versetzt; Städte, Berge und Wälder bleiben unten liegen, und oben findet man eine wunderlich zusammengesetzte fremde Gesellschaft, von welcher man, wie es an dergleichen Orten natürlich ist, fast wie ein erwarteter Genosse, halb neugierig und halb gleichgültig, empfangen wird. Ich fand das Haus voller Gäste, und wie es einem klugen Manne geziemt, dachte ich schon an die Nacht, an die Unbehaglichkeit eines Strohlagers; mit hin= sterbender Stimme verlangte ich gleich Thee, und der Herr Brockenwirt war vernünftig, einzusehen, daß ein kranker Mensch für die Nacht ein ordentliches Bett haben müsse. Dieses verschaffte er mir in einem engen Zimmerchen, wo schon ein junger Kaufmann sich etabliert hatte.

Heinrich Heine.

XLVIII.

Die große deutsche Entdeckung der Einheit aller Natur= kräfte, des Gesetzes, daß keine Kraft jemals verloren geht, sondern sich nur, wenn sie zu verschwinden scheint, in eine andere verwandelt, hat in der Augen der Physiker die alten Sonnenanbeter wieder zu Ehren gebracht; denn nunmehr wissen wir, daß nicht nur alles organisches Leben unserer Erde, sondern auch jede mechanische Bewegung der unbelebten Stoffe auf derselben von den Sonnenstrahlen geweckt werden muß. Wenn der Glutball unseres Centralkörpers im Osten emporsteigt, erwacht das Naturleben, welches ohne seine Strahlen nicht gedacht werden kann, und jubelt ihm entge= gen. An jedem Orte, den seine durchbringenden Lichtblicke treffen, steigt ein Strom erwärmter Luft in die Höhe, um sich als frische Brise, die unsere Schiffe und Windmühlen treibt, oder als wilder Orcan, der Städte und Landstrecken verwüstet, in die weniger erwärmten Regionen zu ergießen. An den Oberflächen der Meere verdunsten täglich ungeheure Massen Wasser im Sonnenscheine, um mit der erwärmten Luft emporzusteigen und den ewigen Kreislauf von neuem zu beginnen, in welchem es, wie der Dichter sagt, der mensch= lichen Seele gleicht. Nah oder fern vom Ufer fällt es als Nebel, Regen, Schnee oder Hagel zum Boden nieder.

Carus Sterne.

XLIX.

Darauf sang Ilse und Clara, von dem Doktor ersucht, zweistimmig ein Volkslied, sehr einfach und schmucklos, und vielleicht traf eben deshalb die melancholische Weise das Herz, so daß es nach dem Lied still wurde und die fremden Herren gewissermaßen gerührt vor sich hinaussahen, bis der Land= wirt die Gäste aufforderte, auch etwas zum Besten zu geben. Sogleich stimmte der Professor, aus einer Bewegung auftau= chend, mit wohlstimmendem Basse an: „Im kühlen Keller sitz' ich hier,“ daß die Knaben begeistert die Reste aller Milch austranken und mit den Gläsern auf den Tisch stampf= ten. Wieder äußerte sich die Gesellschaft als Chor. Der Doktor hielt als fester Chorsänger die Melodie bei den schwie= rigen Noten schön zusammen und der Refrain klang wunder= voll in der stillen Abendluft, die Töne zogen das Weinlaub der Mauer entlang und über die Gipfel der Obstbäume bis an das Gehölz des nächsten Hügels und kamen von dort als Echo zurück.

Gustav Freytag.

www.ingramcontent.com/pod-product-compliance
Lightning Source LLC
Chambersburg PA
CBHW030723110426
42739CB00030B/1351